EL ARTE DE LA GUERRA
DESVELADO
By TobiSpartan (Leonardo Gudiño)

"Sabes hoy más que nunca todo es una guerra".

Tu contra ti mismo, tú contra otros enemigos tu contra tus problemas, aunque la mayoría de nosotros no estemos lidiando un ejército en función de conquistar un territorio por sus recursos la verdad es que nosotros podemos usar las tácticas y las estrategias de la guerra para nuestro propio beneficio.

Planeando de manera anticipada conociendo el enemigo conociéndote a ti mismo tomando ventaja de tus fortalezas evitando debilidades, eliminando el ego es la manera en la que se gana cualquier batalla.

Es lo que vamos a ver esta entrega el libro, el clásico de clásicos el arte de la guerra de sun tzu si quieres aplicarlo a todo este conocimiento hacia el mundo moderno y hacia los tiempos actuales y cómo puedes desarrollar una técnica para ganar cualquier batalla que sugiera.

Pues espero que te quedes a leer lo que revelo a continuación.

He creado especialmente este libro para personas como tú, personas interesadas en su formación desarrollo y crecimiento personal me enfoque en general sobre los análisis de los mejores conocimientos eh investigaciones que pueden ayudarte a este propósito.

Donde hablaremos de diversos temas como emprendimiento, inteligencia social, inteligencia emocional, desarrollo personal, filosofía entre otros.

No sólo eso sino además he incorporado cápsulas de información, donde solo pocos minutos sumaras la reflexión sobre un tema de interés te aseguro incorporando esto a tu vida, tu contexto personal financiero cambiara.

Comenzamos eh traído uno de los libros más importantes que se han escrito en la historia del mundo.

¿Uno de los libros que forma parte del acervo de la humanidad uno de los libros que fue escrito hace milenios y todavía sus principios siguen vigentes cómo es posible eso?

Porque lo que se explica aquí son las bases fundamentales para ganar cualquier batalla.

Si quisiera desempeñar en el mundo moderno las batallas en la guerra como tal, es normal pensar que nada más se da en los enfrentamientos bélicos.

Sino que se da en los negocios, se da en las relaciones personales, se da en cualquier emprendimiento que queramos hacer; se da en cualquier situación no tenemos que lidiar con otras personas que ya se dan en el mismo status que nosotros, por ello también se da en el trabajo, se da en cualquier situación.

Donde se involucre algún objetivo que se quiera alcanzar, donde cuentan tanto los hábitos buenos como los malos hábitos.

Los buenos hábitos están en una guerra constante lo que vamos a ver a continuación son las bases para poder comprender de qué tenemos que estar conscientes, si quisiera saber cómo aplicar estos principios a cualquier emprendimiento de negocio de forma de vida.

Voy a tratar de que los principios que se muestran en este libro adaptarlos al contexto actual.

No hace falta que te repita lo que este libro dice por qué esto lo puedes buscar directamente.

Se encuentra en cualquier lugar y a pesar de no ser un libro demasiado largo los principios los puedes encontrar en infinidad de artículos, en infinidad de lugares, en infinidad de otros análisis; Que también existen yo personalmente lo voy a anotar a los negocios a la economía que es actualmente las pesas de la sociedad.

Lo voy a contar al mundo.

Actualmente a los tiempos y bajo una percepción que consideró que te pueda servir y cuidar para aterrizar estos conceptos dentro, donde hay algo que quieras hacer en una situación en la que te enfrentas.

Por qué todo esto es importante sí y lo que vamos a ver aquí principalmente en mi intención, es contigo que aprendas cómo poder abordar tus problemas, pero desde una visión de ser un guerrero y un líder también.

Quiero que aprendas cómo poder ponderar cualquier situación o la situación en la que te encuentres y poder llegar a esta situación con un plan de ataque que puedes ganar sin sentir algún tipo de remordimiento, resentimiento y también quiero que aprendas de qué manera puedes liberarte.

De una manera más efectiva te equipó mentalmente, con un énfasis en evitar que, en las caídas, en evitar los baches, en evitar las desventajas, que pueden arruinar cualquier campaña que quieras desempeñar.

¿A qué me refiero con esto?

Estos baches estos lugares que en el libro menciona la parte del terreno que vamos a ver más adelante.

Pero el terreno viene siendo donde se sitúan en las batallas y estos deben ser de diferentes tipos de terrenos, terrenos accidentados, y terrenos planos.

Allí terrenos en donde hay elevaciones, a terrenos donde se dan lugares pantanosos, en fin, el punto que hoy aquí es que tenemos que conocer cuáles son las deficiencias del terreno.

Antes de entrar en una batalla antes de entrar en la guerra, debes saber muy bien.

¿Dónde te estas metiendo?...

Porque si no lo sabemos no importa si tenemos el mejor ejército del mundo.

Eso va a arruinar la campaña que estemos desempeñando y si no me crees basta con que revisemos un poco la historia.

Nos vamos a la segunda guerra mundial y podemos analizar qué fue lo que pasó con Hitler lo que le sucedió fue muy bueno para la humanidad, pero desde el lado estratégico.

El tipo parecía imparable porque le daba espíritu sus hombres con sus ideales radicales les daba una aparente Fe, pero...

Cuando quiso invadir Rusia la cual el desconocimiento del terreno en su totalidad fue lo que lo llevó a perder o empezará a perder esas batallas.

Dividió su ejército, fue atacado por 2 flancos, y poco a poco empezó a perder su poderío; Sigue todo a raíz del desconocimiento del terreno que se dio en una batalla.

Ademas sus propios hombres lo empezaron a desconocer el espíritu del equipo estaba colapsado.

Entonces todo esto es porque te lo digo, porque es importante tener este contexto de las cosas vivimos en un mundo donde hay tanta competencia o disputas.

Me refiero a que hay tantas cosas, hay demasiada información todo es muy rápido, y demasiado acceso a las cosas la verás en todos los medios de comunicación.

Si vive en un mundo muy cómodo, pero no realiza sus metas en la vida, cuando ve a alguien más que a sus ojos de usted, puede que no merezca tener el privilegio de hacer lo que usted desea, y eso inconscientemente es una declaración de guerra.

Quien diga lo contrario pues me gustaría quizás debatir con esta, esa persona percibe un mundo muy cómodo en un mundo donde los accesos son realmente fáciles de obtener, quizás obviamente existirá en ciertas zonas donde este tipo de cosas este más restringido por el mundo.

Es donde hay demasiada taza de conformidad, aunque no vivan correctamente, las comunicaciones son demasiado buenas porque sabemos de todo un poco, pero son malas porque en la mayoría nos deprimimos al ver a otros haciendo lo que nosotros queremos, claro ellos tienen mas "Facilidades Económicas" pero la verdad con calma preocupándonos por nosotros mismos podemos llegar a iguales, y sin necesidad de que nos vean con malos deseos otras personas.

¿A que me refiero?

A que si solo nos preocupamos por ahorrar y hacer nuestro camino sin involucrar necesariamente a nadie podemos llegar a realizar nuestros proyectos o anhelos.

Suelen ser sumamente abundante en muchas cosas, y la gente o las personas acostumbran a esta abundancia, y lo que suele pasar con estas personas es que suelen hacerse blandos.

Suelen hacerse blandos, en sentido de que suelen hacerse dependientes de qué de la tecnología los haga llamativos, dependientes de las comunidades, dependientes de la información, dependiente de los servicios, dependientes del trabajo (sobre todo este último).

Dependiente de las ventas de cualquier proveedor, de servicios y piensan que la vida es así.

Falta que estas personas se vayan a un lugar donde estos servicios no existen para que se den cuenta de cómo puede ser la vida.

También bajo otro punto otros ángulos, pero en este libro es un tema que abordamos, lo que llevo aquí es que vamos a aterrizar cuáles son las ideas principales y los puntos principales que pude detectar en el libro de Sun Tzu.

Quiero compartir de cada uno de estos puntos algo que quiero también que quede claro.

¿Crees que es la versión correcta?

La que yo trato de contar es decir el libro de la guerra desvelado, es una adaptación o análisis de la versión original de Sun Tzu, digo esto por diversas manipulaciones que no van al punto o foco de atención del libro ya mencionado.

Son muchas cosas, y sobre todo se basa en un contexto de la época en un contexto de un general hablando hacia otros generales, o hablando hacia armamentos, o hablando hacia otros jefes de guerra.

Hablando hacia líderes de naciones, por qué es un libro de milenios y es la base que genera en su legado.

Obtienes, generas y todo para poder ganar las batallas.

El consejo de su legado es donde vamos a tratar de aterrizar estas ideas en un contexto más práctico en contextos más simples quizás lo podemos llamar así dónde vamos a analizar cuáles son estos puntos principales, y que es lo que nosotros podemos hacer al respecto.

El primer punto la gran idea o la primera gran idea no el primer gran punto de este libro, es precisamente el arte de la guerra como tal.

No es lo que nosotros tenemos que saber de este tema en si mismo, lo que tenemos que saber es que cualquier problema que tengamos en la vida lo podemos manejar en términos de una guerra.

¿A qué me refiero?

Lo podemos enmarcar, lo podemos situar en términos de guerra sí, y por qué porque al final siempre va a ver un final inesperado.

Cuando una guerra provoca problemas, dicho otra manera el problema se genera por qué es algo en contra de otra cosa si sigues así comprendes espero veas más adelante el punto.

Un problema de salud, bueno pues estás enfrentando una situación ante un problema que se genera mediante un conflicto.

Si tienes un problema en el trabajo exactamente igual, es decir estás en contra de algo del trabajo.

Una situación se está presentando, que no te está permitiendo alcanzar eso que deseas entonces cualquier problema se puede situar en términos de una guerra.

¿Qué es lo que tienes que hacer, o qué es lo que se tendría que hacer?

Mira lo primero es que tú tienes que identificar cuál es tu principal problema que tienes ahora, cuál es el problema más grande.

Imagina que estás en una batalla, no imagínate que estás en una lucha, y tienes que saber sobre este problema que tú tienes, sobre este problema que tú identificas tienes que tener claridad sobre los siguiente.

Tienes que saber quién es tu enemigo en término de este problema quienes son tus aliados en términos de este problema y cuál es la estrategia de ataques qué tienes ok.

Esto lo puedes trasladar a cualquier aspecto de tu vida, a cualquier situación, a cualquier conflicto, a cualquier problema que estés enfrentando justo ahora por eso tienes que implicar cuál es el principal problema que tienes justo ahora.

Las personas en lo general no les gusta pensar y conocer, si les gusta quejarse, mas no pensar.

Sí cuando tus dos preguntas directas solo te causan pensar que es absurdo, como estos casos muchas veces y no te saben dar una respuesta, al pasar esto se suelen quejar de todo en su mayoría las personas.

Pero no saben, ni siquiera por qué se están quejando por lo que, si tú tienes realmente un problema y lo tienes identificado, y sabes que tú no eres de esas personas.

Las cuales nada más se quejan, porque en su vida las cosas no resultan, aunque saben perfectamente que no están intentando siquiera fallar una vez.

Si eres de esas personas que realmente, quieren mejorar tienes que ser capaz de identificar entonces cuál es el enemigo al que te estás enfrentando, sin cuál es ese problema puntualmente que tienes, quienes son tus aliados quienes están alrededor tuyo, que te pueden apoyar a solucionarlo, caso opuesto que pueden estarte "saboteando"

Cuál estrategia de ataque que vas implementar, es lo primero que tienes que tener claro para poder solucionar un problema sí es el punto número uno.

Ahora el punto número dos va en relación a una recomendación que se refiere a ganar rápidamente.

¿Qué es lo que tienes que saber?

Lo que tienes que saber es que la mejor manera para ganar rápidamente sin que te deje sin dormir, es que no dejes que los problemas vayan creciendo.

La mejor batalla es la que se gana, "sin luchar".

En el libro menciona muchísimo, que un buen general es aquél que no gana la batalla en una lucha sangrienta, causando dolor y pena, sino aquel que la gana sin ni siquiera, tener la necesidad de luchar sí, y así que es mejor ganar rápido.

Esto, no dejar que un problema vaya creciendo porque si lo haces estos problemas o este problema puede opacar incluso, puede vencer.

Sí entonces, ¿qué es lo que tienes que hacer?

La manera más simple de hacer esto es que tú tienes que listar, tienes que colocar en papel o donde tú quieras los mayores retos qué tienes, y entonces atacar cada uno de estos con toda tu fuerza.

¿Pero cuál es la clave?

Pues, atacarlos uno por uno, muchas veces las personas suelen tener un problema, al momento de querer encontrar una solución, se terminan metiendo en otros más, y cuál es este problema a resolver, pues que tienen tantos problemas para darse cuenta que quizás en un principio no tenían problemas…

Digámoslo así, al mismo tiempo que se bloquean y no empieza en uno a uno, cuando ya llegó el otro y luego empieza el otro y al final simplemente son como apaga fuegos.

No son personas que están aquí, tampoco allá, y están haciendo un poco de cada cosa, pero solo contienen en el mejor de los casos el problema.

Pero no lo solucionan, porque no se dan a la tarea de entender que es más rápido a resolver.

Que se gane mucho, y sin necesidad de comprometerse en otros asuntos, de resolver aquello que se resuelve con los medios disponibles, y separar aquellos problemas que se resolverán a un largo plazo, pero ojo, que no crezcan precisamente en ese plazo.

Mejor será y la manera de ganar rápidamente es cuando tú concentras toda tu fuerza, sí todo lo que tienes hacia un solo problema, y en lugar de estar repartiendo tus recursos, tu atención, o energías hacía varias direcciones.

Porque simplemente te vas a tardar mucho tiempo, un ejemplo a presentar aquí es cuando alguien tiene deudas.

Cuando alguien tiene deudas, imaginemos que tiene varias tarjetas de crédito 34 en total (una exageración, pero nunca sabes) y todas las tienen saturadas.

No que es el problema sean esa cantidad de tarjetas, el problema con las personas es que están dando a lo mejor el mínimo en cada una las tarjetas.

Porque era el mínimo, porque no pueden hacer más.

Es decir, doy un pago "chico" con una, y luego un pago "mediano" con otra, pero debo depositar las deudas de las demás con las que hice igualmente pagos chicos y medianos, entonces se me olvidan todas y cada una, las cuales tienen deudas eh intereses…

Simplemente no pueden hacer más, y bueno piensan que no pueden hacer más y es cuando quedan en la ruina, entre comillas, porque siempre se puede hacer más, sin duda 34 tarjetas consumen tu alma, pero aun te queda cuerpo para moverte.

Pero piensan que no pueden hacer más y así es como se mantienen.

Con una relativa tranquilidad, pero al final no han solucionado súbitamente nada al contrario este problema crece y se mantiene.

Se mantiene, se mantiene, y lo que va a pasar es que van a surgir otros nuevos.

Que van a hacer que estos se vayan acrecentando tanto, que al final pasan directamente a ser una jugosa herencia a los hijos, claro si la persona tiene 34 tarjetas creo que no tendría hijos o espero que asi sea, pensando por los niños claro, no por la persona de las deudas.

Pero tendría que ser una persona, una persona tiene que atacar una sola cuenta pues la mejor manera.

Atacar a solo una cuenta, con la cual puedes hacer la mayoría de cosas que ya vimos, es más, si es una cuenta de ahorro a partir de cierta cantidad de dinero ganas intereses que aumentan tu dinero cada año, claro mientras mantengas esa cantidad de dinero sin utilizar.

En este ejemplo que le estoy poniendo tienen que listar cuáles son estas cuentas, pagos, deudas o favores a las qué tienen este adeudo y pagarlos del más corto al más largo.

Van a irse por la cuenta más fácil de liquidar, es decir la cuenta que se deba menos y a la cuenta que se deba menos además del cambio exacto tienen que dar 110% más.

sí 110% más.

De lo que usualmente estaban pagando ok, un ejemplo:

Si debo $100, voy a pagar $100 y voy añadir $100 a una alcancía para poder pagar donde debo $1000 entonces solo me restan ahorrar $900 para eliminar mi deuda más grande.

Sobre esta cuenta ¿con qué fin?

Con el fin de poder abonar sin sobre capital, con el fin de poder de alguna manera mitigar las adeudas realmente.

Una vez está es la parte más importantes porque aquí viene la cocción de la disciplina, ya una vez que el "limitador" o más bien dicho que se terminaron de pagar esas cuentas.

Gracias a la liquidaron ahora van a irse a la segunda cuenta o problema que se notara que más rápidamente se puede liquidar, le van a depositar el mínimo que le están poniendo más aparte él lo que le están poniendo a la otra cuenta, es decir el mínimo de la otra más del 10% de la otra.

Es decir, la otra cuenta que ya pagaron, básicamente añade $100 más $100 más $100, los primero es como si pagaran aun el primer adeudo, lo segundo es la deuda actual, lo tercero es ahorro para la deuda que sigue de la segunda.

Se le bonifica el mínimo más lo que se le estaba bonificando de la otra cuenta hasta que queden liquidadas.

Ee esta manera todos los recursos, se están yendo a liquidar esa cuenta de una manera más rápida.

Entonces conocer la cuenta, sirve para que se liquiden todas las deudas definitivamente, pues una forma de poder identificar un problema y darle todas las fuerzas para liquidarlo es importante que vayan listando los principales problemas.

Los ataquen con toda su fuerza uno por uno.

El siguiente punto importante importantísimo en este libro es el siguiente.

Se trata de que conocernos a nosotros mismos y hay que conocer al enemigo en el libro mencionó una frase que a mí me llamó la atención que dice:

"El general que se conoce, así mismo y conoce al enemigo; Va a ganar siempre las batallas".

En la segunda frase es:

"El general que se conoce a sí mismo y no conoce al enemigo por cada batalla que gane, va a perder otras".

Y la tercera frase es:

"El en el general que no conoce al enemigo, y no se conoce, asimismo; está condenado a perder siempre"

Entonces cuál es el punto aquí.

Debemos conocernos a nosotros mismos y conocer al enemigo.

Qué es lo que tenemos que saber antes de que nosotros podamos ganar, nosotros primero tenemos que saber quiénes somos, y también a quién estamos enfrentando.

Tenemos que tener claridad de estos dos puntos, ¿qué es lo que tenemos que hacer?

Pues tenemos que hacer un listado sí de nuestras propias fortalezas tenemos que ponernos activos, decirnos a nosotros mismos que tenemos que conocer cuáles son nuestros puntos más fuertes, tenemos que conocernos a nosotros mismos y no nada más los puntos más fuertes.

Sino también las debilidades que tenemos, eso tenemos que poner en varias listas, o al menos una que englobe por un lado los factores positivos, y en otro lado los negativos.

Si lo quieres ver así de, ¿qué cosas disponemos?

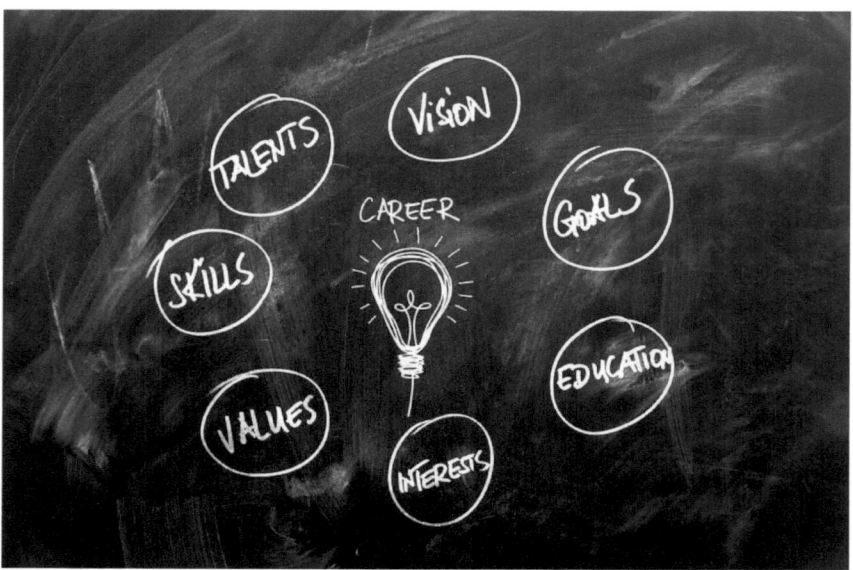

Cuáles son nuestros activos, pero también cuáles son las partes débiles que tenemos, que tenemos que ser capaces de poder licitar eso, y una vez que nosotros tenemos claro eso vamos a identificar cuáles son nuestros enemigos entonces.

Una vez que tenemos identificado a nuestros enemigos, vamos a analizar cuáles son sus debilidades, y cuáles son sus fortalezas, de igual manera tenemos que conocernos a nosotros mismos y tenemos que conocer a quien se opone.

Estamos enfrentando a quien puede provocar que no avancemos, aunque duela.

Es muy importante no nada más conocer a qué, o a quién estamos enfrentando, sino también cuáles son sus debilidades y cuáles son sus fortalezas.

Porque de otra manera no vamos a ver, no vamos a saber por dónde podemos atacar ok.

Recuerden esto es bajo el concepto de negocios, en los negocios bajo sacramento.

Igual tenemos que saber cuáles son nuestros puntos buenos.

Tenemos que saber cuál es nuestro estatus, no cuál es nuestro estado qué es lo que nosotros tenemos, cuáles son nuestros trucos, nuestros activos, de qué manera podemos nosotros apoyar con los recursos que disponemos, pero también tenemos que saber a quién estamos enfrentando, aquí estamos enfrentando, y qué cosas dispone a estas personas, que estos aspectos que estamos enfrentando si tanto sus debilidades como sus fortalezas.

El punto número cuatro.

¿Qué es la gran idea número cuatro?

Pues es que hay oportunidades sin fin, ¿qué oportunidades sin fin? lo que tenemos que saber de este punto es que existen varias formas de abordar un problema, que tenemos que estar conscientes de esto.

Que existen muchas formas de abordar un problema.

Repito esto porque normalmente pensamos que, si no lo realizamos de una vez, no hay de otra forma.

Nos limitamos, nos bloqueamos a nosotros mismos ahí que pensar fuera de la caja cuando no sabemos qué solución podemos encontrar tenemos que buscar nuevas fuentes para conocer qué solución se pueda tener para mantenernos conscientes.

Que, a pesar de ser conscientes, que si no sabemos algo no vamos a hacer, y repetir el mismo patrón para tratar de resolver la misma manera, y sabemos que no va a funcionar.

Existe más de mil formas de abordar un problema ok.

Cuando nosotros nos enfrentamos a un reto enorme sí tenemos que pensar de esta manera, un reto enorme significa que es una gran oportunidad para crecer.

Esto lo que la gente le cuesta mucho trabajo comprender, por qué las personas quieren vivir libres de problemas verdad.

Digo, a cualquier persona relativamente normal pues diría que yo no quiero tener problemas, yo quiero estar obtener soluciones, pero lo que no se dan cuenta es que es precisamente cuando alguien logra resolver un problema lo que le da el valor, lo que le da la capacidad, lo que le da la tenacidad, lo que le da el conocimiento.

Nadie va a poder sobresalir sino resuelve sus problemas.

Cuando se presentó un problema mucho mayor, ese será la oportunidad de crecimiento, qué es lo que nos blindara una lluvia de ideas, y hasta que encontremos quizá la fórmula ganadora para resolver el problema tenemos que ser creativos.

No nos tenemos que rendir a la primera dificultad, fue la primera señal de dificultad que esto nos despertó, es algo que sucede muchísimo.

Las personas empiezan algo, arrancan algo, eliminan ese motivante, cuando deberían estar contentos estar contentas de la primera señal de dificultad, al primer rechazo el primer no en la vida.

La primera situación de problema, y brindar la primera solución la falta de dinero, o de resoluciones gracias a la presión que tienen encima que motiva sus pensamientos.

La primera falta de comprensión del entorno, genera que mejor desistan; Ya dicen que no es lo que tenían que hacer.

Recuerden hay oportunidades sin límites, y existen millones de formas de abordar un problema cuál es el problema que existe con la gente es que no les gusta pensar que gran parte del tiempo no les gusta, prefieren que alguien más resulte en problema por ellos, o mejor aún que no existan problemas.

Lo que no entienden es que si no hay problemas de crecimiento lo cual es algo muy importante en las personas y entre todos hacer feliz en el mundo, es irreal.

Los problemas que resuelvas ya lo hemos visto, qué es entonces cuando localidades, estados de felicidad llegan es precisamente ese sentimiento de logros.

Entonces si no quieres estar en ese estado, obtener ese sentimiento de logros, pues no hagas nada.

El problema entonces va a ser que, a dispuesta felicidad, usted se va a seguir quejando exactamente de lo mismo.

¿Por qué?

Porque es un círculo vicioso que allí está tenemos que molestarnos un poco más, generar esa lluvia de ideas encontrar la fórmula ganadora, ser creativos y no rendirnos ante la primera dificultad, que la gran idea llegue además de sentirnos gratificados con nosotros mismos.

El punto número cinco seria.

Fortalece tus fortalezas y evita las debilidades.

Ya hemos visto previamente, así como también mencionado en algunos otros análisis la importancia de esto.

Tendrá que terminar siendo el administrador más importante de las cosas que vallas realizando, el libro menciona lo que tú no puedes construir sobre tus debilidades, tú no puedes hacer algo exitoso de tus debilidades.

Tú siempre tienes que construir sobre tus fortalezas y esto que se menciona aquí va ligado totalmente con eso, el negocio en un emprendimiento en tu carrera profesional, donde tú quieras.

Tienes que saber que la clave radica en ser más fuerte de lo que eres, ser bueno y tratar de evitar aquello en lo que no eres tan bueno.

¿Qué es lo que hay que saber de este punto?

Tienes que saber que el enemigo se le ataca donde son débiles, y tú tienes que defenderte donde eres fuerte.

Ok, si no recuerda la vieja historia de Aquiles y su talón en relación a la persona que nadie podía ganar, pero cuando esa flecha que le lanzaron pegó precisamente en ese punto débil que resultaba su talón, Aquiles fue derrotado debo decir algo con alguien emprende cualquier negocio cuando alguien va a ser algo, más vale que se puedan brindar lo máximo posible tienen que ser lo más fuerte en sus fortalezas sin blindar razón de sus debilidades, porque créanme como la ley de Murphy.

Que dice: No; Si algo va malo va a pasar, va a pasar mal.

En el peor tiempo posible, entonces cuando una hay un flanco hay una parte débil en donde por ahí va a suceder el problema, entonces es cuando personalmente uno debe protegerse, y así se conoce al enemigo, pero sí se conoce al enemigo, se tiene que ir directamente sobre sus debilidades y tú tienes que reforzar siempre tus fortalezas.

Son cuestiones que invertir en ti, tienes que invertir en tu especialidad, tienes que invertir en conocimiento, tienes que invertir en tu desarrollo personal, y profesional tienes que invertir precisamente en tus fortalezas en las áreas de poder que tienes.

Cuida de lo que más tienes que usar, tus fortalezas para pelear, o para combatir a tus oponentes sobre sus debilidades.

Si tú logras hacer esto, después tienes una empresa, y logra científicamente ampliar tus áreas más fuertes, y sabes qué tu competencia carece o tiene debilidades de mayor peso.

Entonces tu estrategia para posicionarse en el mercado va a ir en función de que esas fortalezas, estén totalmente como nuevas, y renovadas.

Esas debilidades ya no se notan.

Esta polaridad total en relación a lo que tú tienes y en proporción a lo que los demás cuenten, esa es la gran idea del punto cinco.

Ahora el siguiente punto habla de las fallas de liderazgo el libro menciona que todo líder, o más bien los líderes presentaban cinco fallas de manera más predominante de estas fallas tenemos que ser conscientes, porque son las que van a llevar al fracaso a una campaña a una batalla o inclusive la guerra.

Vaya si van a sorprender porque ciertas cosas que ni siquiera parecen ser malas, pero sí.

Aparentemente no son malas, pero como todo en exceso puede ser un problema, la primera el primer fallo de liderazgo nos habla sobre la imprudencia, los líderes imprudentes es decir si comete si no piensa en las consecuencias de algo que simplemente se deja llevar más por la emoción y si se deja allí a las armas sin ser consciente de lo que está haciendo, y simplemente por impulsos pues puede ocasionar un grave problema.

Ok el siguiente cual siguió.

El siguiente fallo se refiere a la cobardía que hay en muchos líderes que prefieren estar tras bambalinas en muchos líderes que prefieren estar atrás en la retaguardia.

Mientras en el frente se están dando las batallas sin habilidades que prefieren protegerse, es decir salvar su vida más que otra cosa y lo malo es que alguien que quiere salvar su vida en la batalla lo más seguro es que termine prisionero.

Ok entonces se tenía prisionero pues ese es un problema.

El otro a la otra falla se refiere a la falta de temperamento es decir al primer problema se desvanecen, el primer problema surge en la retirada por lo que ya no quieren saber más del primer problema, se ponen nerviosos, se ponen nerviosas, y ya no saben qué hacer.

Esa parte, el temperamento genera confusión y si son capturados o maltratados de alguna forma se desapareció el coraje, y temperamento lo que va a generar es que se disuelve el equipo, se disuelva la legión que está combatiendo digamos en términos del libro de Sun Tzu.

Lo que genera es que se pierde al final la batalla también cuando se tiene demasiado honor, demasiado no puede ser ligado a tantos desarrollos de bienes en el desarrollo personal, puesto que son pocas, pero si existen, las ocasiones que se tiene que comer solo un poco de orgullo por un bien mayor.

La siguiente falta es esa.

El tener honor (negativo), o demasiado honoroso, tener demasiado honor va ligado con el orgullo, va ligado con que no importa si estamos perdiendo, no vamos a decir que el tener demasiado es malo, o carecer de demasiado ocupa quizás ayuda.

"El general que está dispuesto a morir es un general que no importa".

Pero sí.

El general qué piensa así pues implementa, poniendo en aprietos al equipo, o en este caso la legión, que está combatiendo con esta persona.

Porque lo mejor no está previendo todo lo que puede suceder si él muere.

Pues si el muere lo mejor que sucede es la conquista, no le importa, pero significa que el enemigo se ponga por encima de su gente.

Es la gente que está con él también, él puede morir cuando quiera, pero lleva al resto con él, porque la gente precisamente se vuelve dependiente del mismo, si la gente no depende del líder, entonces no es necesaria una guerra, porque al final no cuenta con nadie, todos son independientes.

El otro factor viene siendo el líder que se preocupa demasiado.

Sin líder que tienen mucho con decir que es muy condescendiente con su gente, ese líder tiene un problema sí y que puede ser fácilmente leído en el libro.

El cual consiste en que su imagen puede ser profanado, es decir, hay que se preocupa mucho por lo que estamos al pendiente de la gente, de que la situación puede ser benéfica, o perjudicial.

Eso pasa hoy en día con los "Influyentes" aquellos que tienen

Redes sociales con muchas personas, si en esas redes sociales sucede algo que terminara perjudicando al influyente, o "Streamer" toda la comunidad, quiere defenderlo o se deprimen porque en vez de pensar que es la oportunidad para que ellos suban a ser nuevos influyentes, piensan que si el cayo, entonces más fácilmente las personas "normales" no tienen esperanza.

Cuando menos se den cuenta la situación se podría volver negativa, no puede volver a lo que fue en un principio, lo puede absorber.

Sólo puede comer, y prácticamente no va hacer más con demasiado honor, no puede aportar más de lo que debería, no el líder del equipo tiene un rol sumamente importante el equipo depende del criterio del líder, es la verdad de nada sirve tener un equipo muy bueno con una falta de liderazgo, o que un liderazgo que cae en este tipo de carencias mantenga dicho rol en el equipo.

Es un excelente líder, pero si el equipo cayó, también en este tipo de carencias que pueden suceder, no se da la situación idónea de qué es lo que tiene que hacer.

Lo que se tiene que hacer es tomar es tomar el liderazgo del equipo tú tienes que tomar tu liderazgo del equipo es tu responsabilidad por que recuerda algo en la batalla cualquier cosa que sucede es tu culpa al ser un líder.

Sin un líder, cualquiera que tenga una posible solución es automáticamente líder, y si se equivocan, aunque no fuera su intención pues el peso le corresponde.

¿Qué es lo que tú quieres resolver entonces?

No puedes culpar a nadie más que a ti mismo, o a ti misma de la situación que quieres resolver, es tu lucha y todo lo que sucede es tu culpa eso ya lo hemos visto también en algún otro momento.

Alguna otra época relacionada todo esto es que hay que ser conscientes sí, de las carencias del líder para no caer en ella si es decir tenemos que saber cómo poder manejar a los equipos y transmitir a los equipos esa confianza que necesitan hacia el líder.

Ahora el siguiente punto habla de la fe y dice que tenemos que tener fe, pero tenemos que saber gobernar con puño de hierro, es decir tenemos que tener un liderazgo duro, pero ser capaces de transmitir fe a nuestra gente, a nuestro ejército, a nuestro equipo, sin que lo que tenemos que saber, lo que tenemos que saber de nosotros mismos y debemos de tener fe en el equipo y saber de ellos.

Por Ejemplo:

"Pero no, mi marido es tan poca cosa, que no caer en el error de la sobreprotección, no caer en el error de creer que el equipo lo va hacer".

Nosotros simplemente debemos estar totalmente preocupados por el equipo, pero sin descuidar a nuestro hogar, que sumar las carencias en el punto anterior cuando alguien se preocupa demasiado cual su ejército, demasiado por su equipo, y demasiado por su hogar, nosotros tenemos que saber que podemos confiar en el equipo y el equipo tiene que saber que nosotros confiamos en ellos, en el hogar, en la escuela en varios lugares es igual, transmitir confianza.

Pero no lo vamos a mimar tampoco, no vamos a consentir que otros incluso el hogar también nos degrade, si les podemos aclarar la situación, y la causa de los problemas estos deben de corresponder a no juzgarnos mas de lo contrario indica un choque de intereses o un problema mayor.

Nosotros no podemos dudar no podemos bajar como se dice por aquí, no la mano no nos puede temblar cuando ellos cometen un error igualmente.

Por qué nosotros como líderes, que tenemos que hacer es informar de ese error al momento que ellos nos están cometiendo muchas faltas a veces.

Las personas suelen querer evitar conflictos muchas de las veces, las personas no quieren tener problemas con los demás, peor en ocasiones solo piensan en estar controlando lo que tienen que decir y se tiene que decir por evitar el famoso "¿Qué dirán?"

Entonces para nada se debe controlar demasiado, pero al momento de una falta contra nosotros que estamos confiados de estar haciendo lo mejor posible de nuestra parte por todos, se debe hacerle ver a una persona si cometió un error o no, y cuando alguien comete un error lo que hay que hacer es decirlo inmediatamente, y hacérselo saber a las personas independientemente se sienten mal o no.

Si no se siente mal por ello, entonces hemos atado el cabo, del conflicto de intereses dentro del hogar, o del equipo el cual puede ser que nos preocupemos demasiado, sin necesidad de ello.

A qué se refiere esto, es normalmente a las culturas sobre todo en este tipo de cultura donde estamos y en américa latina sobre todo solemos ser demasiado suaves demasiado blandos, no solemos tratar con la gente, que no nos gusta que nos digan nuestras cosas, no nos gusta que nos levanten la voz, no nos gusta que nos corrijan, no nos gusta que nos hagan sentir mal, no lo pone entre comillas el problema aquí es que napoleón decía:

"No es que la gente te tema, es que has ganado el respeto de ellos."

Eso es una forma de verlo, no es decir cuando tú tienes un puño duro, diablos si no eres tú quien tiene la mano muy firme, entonces la tendrá alguien que terminará usurpando tu puesto.

Cuál es la gente que sabe que no puede jugar contigo, la gente sabe que más vale que no cometa una indiscreción, o que no cometa una falta, porque sabe que habrá consecuencias sí.

Pero al mismo tiempo tiene que transmitir la fe a las personas, irónicamente de que están seguras al lado tuyo, si confías en ellos, si saben lo que tienen que hacer viene siendo la manera de que se gane el respeto, pero a la vez también en ambos sentidos no están bajo respeto a su honor, sino en el que se da de que ellos saben que tienen que hacer bajo la inspiración que blinda el líder.

Por aplicar a este principio lo que tenemos que hacer es darles a nuestros guerreros, si a nuestro ejército a nuestro equipo el beneficio de la duda siempre confiar en ellos ok.

Tú puedes tengo fe en ti y demás, pero si las personas desobedecen, o las personas no hicieron su trabajo bien o las personas nos desilusionaron a pesar de haber dado la confianza tenemos que hacérselos saber, y no podemos demorar en eso, no nos tiene que importar si la gente no se va a sentir bien por eso.

Porque al final es una falta que la gente cometió esta falta es lo que la gente tiene que saber para que no vuelva a suceder ok.

El siguiente punto de quién habla el libro es que nosotros tenemos que usar nuestras armas de manera sabía.

Vamos a ver a qué se refiere.

Qué es lo que tenemos que saber de este punto, es que todo es un arma todos tus recursos, tus habilidades, tu dinero, tu comunidad todas estas cosas son armas que podemos usar normalmente cuando tenemos obtenemos.

Baila en la concepción del que.

Nada más tenemos ciertos recursos o que somos nosotros solos contra x situación, y la verdad es que estamos envueltos en un entorno que nos provee de bastantes cosas que utilizamos.

Tenemos que hacer sabernos a nosotros mismos que somos conscientes, de que no podemos ir a las batallas solos, vaya tenemos que tener o tenemos que analizar, qué conocer como enfrentamos a un enemigo difícil tenemos que levantar la mano y solicitar ayuda, tenemos que confiar en nuestras habilidades y nuestro conocimiento también para poder salir de una manera libre de cualquier situación.

Aunque muchas veces no se logra comprender, no siempre se van a ganar todas las batallas eso es verdad siempre habrá enemigos más poderosos que nosotros siempre habrá digámoslo de otra manera en un contexto más aterrizado quizá habrá competencia que tenga mejores cosas que nosotros.

Habrá gente que pueda desempeñar mejores roles que nosotros y si nosotros competimos directamente contra alguien cuya fortaleza es mayor que la nuestra, que pasa pues quizá tengas el honor digámoslo así entre comillas de haber peleado bien, pero nada más que eso, y al final la derrota puede ser algo inminente.

Pero nosotros sabemos que cualquier arma la podemos utilizar sabiamente no nada más nos limitamos a lo que nosotros tenemos directamente, sino que existen también de forma indirecta, y si levantamos la mano para pedir ayuda hay un dicho que dice el enemigo de mi enemigo es mi amigo.

Cuando alguien utiliza a cualquier enemigo del enemigo en común es bien un recurso más y si no pues imagínese cuando llegaron los españoles a México como fuego conquistaron bueno no.

Hay algo que influyó mucho en el desarrollo de poder derrocando a todo el imperio y en aquéllos en aquel tiempo es que la gente dentro del imperio mismo estaba dividida, y los españoles no podían con hombres aztecas más fuertes y sanos, la pelea fue de aztecas contra otros indígenas enemigos, que solo usaron la alianza con los españoles como pretexto.

Otro ejemplo los persas esa tribu, había grupos que no están de acuerdo con la clase dominante y si vinieron si en este caso el enemigo común para combatir con el entonces tomó la iniciativa.

Si nosotros logramos detectar que nada más se trata de lo que tenemos directamente sino de lo que existe indirectamente y lo usamos solo a nuestro favor, vamos a poder entonces poder salir victoriosos de cualquier situación y el oponente no es un problema.

El hecho de retirarse en una batalla cuando no se está listo o no se está lista, no está mal tampoco, el pensar que sabes puedes ser mejor en lugar de enfrentar esto.

Prefiero sacar la vuelta, no en relación a una batalla si se sabe y se comprende que no se está en posibilidad de ganarla, porque lo único que va a pasar es que vas a tener un desgaste de recursos de energía.

Desde la perspectiva de tu propia persona quizá lo más peligroso es un desgaste anímico, un desgaste motivacional, un desgaste económico, y dejes al final algo que era importante.

Simplemente no sacrifiques innecesariamente para conseguirlo, quizá nuestras armas hay que guardarlas y sabiamente reconocer la situación para buscar salir airosos de cualquier problema que se enfrentan.

El siguiente punto sumamente relevante va relacionado a la información en el libro mencionaba la cuestión de los espías.

El espionaje como vaya és la parte crítica de cualquier enfrentamiento radica en el espionaje, y el conocer información que el mismo enemigo no sabe que conoce.

Ok, en términos modernos el hacker del siglo aterriza como una musa a los términos actuales a qué nos referimos mira lo que tenemos que saber que este punto es que la información es poder.

Que nosotros dejamos entrar a nuestra mente cuál va a determinar la forma en la que pensamos ok eso es sumamente crítico.

En el libro habla del espionaje porque el espionaje depende exclusivamente del espía.

Digamos que empiece a hablar eh influye en la forma en la que las personas actúan, por ejemplo, los chismes de voz en voz, en las personas que toman las decisiones por qué en relación a la información estos se dan cuenta que despiertan.

Es entonces que ellos toman sus decisiones, por eso no había rol más importante que el del espía, o chismoso.

Estaba el encubierto, el espía que se hacía pasar por el otro bando y al final era el nuevo rey.

Es esto un texto metafórico de un resultado magistral.

Pero aquel punto si aterriza en muchos casos reales, que naturalmente es traición, pero no se toma encuentra que no es traición hacia el líder, sino traición a todo el entorno, es decir provocar un conflicto que beneficia al quien nadie ataca.

Nuestra vida tenemos que saber precisamente que tipo de información es la que dejamos entrar a nuestra mente en primera instancia.

Porque es la que va a determinar la manera en la que vamos a pensar dicho otros términos es como analiza que espiar dejas que un trato en mente te provea un beneficio a ti como espía, pero como enemigo el espía es para que informe o para que termine tu conocimiento y con ello tu comportamiento.

¿Qué es lo que podemos hacer tenemos que proteger nuestra mente?

Tenemos que proteger nuestro cerebro tenemos que proteger nuestra forma de pensar, no podemos permitir que la negatividad entre.

Tenemos que evitar cualquier cosa que nos ayude a ganar la batalla o por lo menos que nos ayuda a adquirir mayores habilidades en función de ganar esta guerra.

Si lo trato aterrizar más, pues prácticamente es seguir invirtiendo en tu desarrollo personal en formación de lo que estás haciendo en este momento que escucharme estás invirtiendo ya que en el desarrollo personal que tienes, pues estas metiendo buena información a tu cerebro ya estás de alguna manera programándolo para funcionar de una manera más óptima.

No entonces si quieres ganar una guerra pues cuida mucho de qué información es la que dejas entrar a tu mente, por qué estás van a regular el comportamiento que vas a tener y algo que sucede muchísimos que las personas no piensan en esto simplemente van al vaivén de las olas y muchas veces dejan de meter información.

En esto mayormente es información incorrecta que se basan en los medios masivos de comunicación.

Se basan simplemente en lo que leen, en lo que ven por ahí en lo que otras fuentes quieren que tú sepas, y muchas veces rigen su vida en base a eso sin alcanzar realmente que es ese el lugar óptimo en el cual el cerebro, la mente tendría que regular el comportamiento.

El siguiente punto también que prácticamente con el que cerramos.

Este punto es algo que comenté al principio en el libro nos mencionan bastante, es decir, yo creo que el 30% del libro relacionado a este punto y es conoce el terreno.

En el libro claro se menciona el terreno debido a la cause de la época, donde las grandes batallas eran a campo abierto para evitar daños a las localidades propias, posteriormente de los resultados procedían a invadir.

Desempeña la batalla un avance sobre las fuerzas del enemigo, así como sirve de forma mediadora, te dan ejemplos de cómo renació un accidentado terreno, uno pantanoso, un terreno donde existen muchos animales, un terreno donde existen muchos árboles, un terreno donde se hallan un terreno ajeno a los dos que pelean, donde éste a que donde haya muchos desniveles, en fin.

Empiezas aplicar cuáles son las ventajas desventajas de cada uno de estos terrenos, que motines harás, quien actuara, y la mayoría de personas pecamos en ignorar este detalle.

En este contexto es en el tema actual en los tiempos modernos digámoslo así, que lo que tenemos que saber es esto conocer hasta el más pequeño e insignificante detalle de donde te estas moviendo.

El contexto donde se da la batalla o el contexto estando el problema del momento donde se está llevando esa lucha que tenemos que es realmente importante.

No podemos atacar los problemas de manera a ciegas no estar cerrados o limitarnos a estar que no vemos lo que está sucediendo nosotros tenemos que estar conscientes de todo lo que circunda alrededor.

A qué me refiero con esto, pues el entorno es lo que lógicamente que estudiar para andar con todas las precauciones, todas las estrategias, todas las posibilidades para nuestro beneficio.

Tenemos que saber dónde se está dando esta lucha que queremos hacer ahora nuestra.

Cuando hablamos del entorno.

Cuando hablamos del contexto lo que tenemos que hacer es lo que hemos repetido anteriormente tienes que escribir una lista de los factores más importantes.

Que están relacionados a la batalla que tú estás lidiando ok, qué cosas como qué aspectos económicos, es decir cuál es la situación económica en la que te encuentras quién está de tu lado, es decir quiénes o quien son de mi círculo de influencia.

Aquí en mi círculo de amistades con qué personas me siento seguro, quienes me pueden apoyar, con qué personas están conmigo cuáles o donde se encuentran, más bien mi debilidad.

Dónde se encuentra mi fortaleza.

Entre otros puntos tenemos que estar conscientes de cuáles son estos factores que están relacionados a la batalla que quiero desempeña, en donde estoy inmerso, no veo, no escucho, no hablo.

Inmersa en este tipo de batalla donde debes simular no estar peleando.

Encuentro la situación, quiero alcanzar este objetivo quiero alcanzar esta situación mejor, pero alrededor sucede esto en el factor económico digamos que pues en situación económica estatal y es económicamente limitada.

Por esto, debo concentrarme de donde tengo apoyo de aquí, o de acá, sé con quién puedo refugiarme con quienes se pueda apoyarse.

Quienes con tiempo puedo levantar la mano y obtener apoyo conozco cuales son mis puntos fuertes conozco cuales son mis puntos débiles, es decir tenemos que conocer todas y cada una de las cosas de nuestro entorno en su totalidad.

Donde la batalla se está desempeñando no podemos ir a ciegas y actuar por impulsos recuerda como uno de los factores de líder o los actores negativos del líder que viene siendo la imprudencia, no podemos actuar de esa manera ahora hay que mencionar que mi libro es sobre cuando alguien se anticipa a las cosas quién conoce el clima del momento.

Esta una explicación en mi punto de vista de la aplicación del gran libro de la guerra de Sun Tzu.

Antes de que llegues al clímax de la confrontación, puedes evitar la sorpresa o nosotros podemos anticipar un problema antes de que lleguen.

Los que estamos inmersos en un problema, pero conocemos el terreno y conocemos la situación entonces sabemos cuándo ciertas cosas psíquicas van a venir, van a presentarse.

Podemos anticiparnos y cuando estamos en una valla en un conflicto contra una contraparte podemos utilizar todo este criterio a nuestro favor, si es que estamos conscientes y conocemos el terreno donde se está desempeñando esta batalla.

Que bien que podemos tocar estos temas de interés universal, ya que en este caso lo vimos en términos económicos, pero el arte de la guerra se puede llevar en deportes, en socialismo, en la web incluso.

Estos son los puntos más importantes que yo encontré y que he interpretado a mi parecer de este libro y me gustaría cerrar con lo siguiente.

Me llamo la atención ciertos factores del mundo moderno, esta temible "inseguridad económica"

Es esa incertidumbre de no saber a dónde llevar nuestra vida, la necesidad de compartir un interés en común con los demás, pero que no podemos realizar muchos de nuestros proyectos por no saber si podremos sustentar nuestras necesidades el día siguiente, y el siguiente al anterior.

Por lo menos pudimos ver alrededor de varios puntos importantes sobre este libro.

Para poder aterrizarlo al contexto moderno en el que el que nos encontramos, pero es importante que resguardes lo aprendido.

Que prácticamente es el enfoque más importante.

Número uno.

Ataca fuerte y rápidamente usando sus fortalezas en contra de las debilidades de tu oponente.

Número dos.

Usa todas las herramientas disponibles es decir involucra tus amigos involucra tu familia involucra a tus compañeros de trabajo involucra los programas involucra todo lo que tengas en función de hacer que la batalla sea lo más fácil posible para ganar.

Número tres.

Evite el ego, evita el ego, no te quiebres en orgullo, honor o grandeza ya que tienes que poner a los tuyos por delante aun si eso implica contenerte por lo pronto.

El hecho de saber que, o más bien tienes que saber por qué estás peleando.

Sobre todo, tienes que tomar plena responsabilidad de tu equipo tienes que preocuparte por el equipo, honra estancias hablando del negocio tienes que analizar de lado a lado, pero si quieres ser el mejor de esto a lo que aspiras, ya sea un viejo o demasiado joven.

Es decir, si lo haces por dinero, por el arte, por la fama, cualquiera de estos casos no va a pasar nada sí tienes que dejar ese juego de lado y dejas de conocer cuál es la razón principal por la cual queremos alcanzar ese algo.

Por la cual estamos dispuestos por lo cual estamos dispuestos a luchar por lo cual realmente estamos dispuestos sin arriesgar lo que tenemos qué más qué otra cosa si tenemos gente que trabaja con nosotros, tenemos que proteger a esta gente en una empresa, no hay nada que genere lealtad más fuerte.

Que alguien que se siente toma en cuenta que siente que la empresa realmente por su interés.
Si nosotros logramos adaptar estas 3 conclusiones que acabo de mencionar.

Las cuales repito otra vez.

Ataca fuerte y rápidamente usando tus fortalezas en contra de las debilidades de tu oponente.

Usa todas las herramientas disponibles incorpora tus amigos incorpora familias, incorpora a los compañeros de trabajo los programas en función a ser la batalla más fácil para ganar.

Evita el ego en exceso.

Tienes que saber por qué estás peleando y tienes que tomar responsabilidad por el equipo que te acompaña.

Espero que esta información te haya sido útil, espero que encontrara valor este gran conocimiento que este libro ofrece.

Es la percepción que yo traté de adaptar a los tiempos de nos encontramos.

Espero que así no haiga una sensación de debilidad tan exageradamente presente en la sociedad actual, y me gustaría saber alguna vez sobre el apoyo que quizás pudo blindar mi perspectiva.

El libro de la Guerra de Sun Tzu es un gran clásico es un libro que es un acervo de la humanidad, libro que se hizo hace milenios.

Creo que se hizo en papiros de bambú no recuerdo, pero, aun así, es conocimiento que prevalece a lo largo del tiempo.

De hecho, aun a la fecha nadie sabe si Sun Tzu existió como persona física y autor, o como una recopilación de autores o si realmente siquiera había alguien llamado Sun Tzu, aun así, es un clásico de clásicos.

Que vale la pena leer y releer una y otra vez para entenderlo.

Cada vez que se lee, nos da seguramente una información de lo que va a venir hoy.

Espero que te haya gustado y nos vemos en el siguiente escrito, un Saludo.

Otras Publicaciones:

- El método de Combate de Leonardo Gudiño
- El día del Área 51
- Amazonas
- Introducción al Esoterismo
- Multiversos Otras Realidades

- Guía de Supervivencia Zombie
- Libro de Arte del Oráculo de Lourdes
- Resurrección de lo Absoluto

Mangas/Comic:
- Billy el Toro
- Creepy Horror Stories
- Dama Caballero, la hija de la mascara
- Dama Caballero vs el antiguo del fuego

www.ingramcontent.com/pod-product-compliance
Lightning Source LLC
Chambersburg PA
CBHW040245220526
45473CB00001B/369